CODE PÉNAL

DE

L'Empire du Japon.

TRADUCTION

PAR

L. H. LOENHOLM,
Docteur en Droit
Geheimer Justizrat
Professeur de droit à l'Université de Tokyo.

Tokyo .... Maruya & Co.
Yokohama .... Max Noessler & Co.
Bruxelles.................... Vve Ferdinand Larcier.

1907.

IMPRIMERIE DU "JAPAN MAIL OFFICE" YOKOHAMA.

CODE PÉNAL

DE

L'Empire du Japon.

TRADUCTION

PAR

L. H. LOENHOLM,
DOCTEUR EN DROIT
GEHEIMER JUSTIZRAT
PROFESSEUR DE DROIT À L'UNIVERSITÉ DE TOKYO.

Tokyo ....MARUYA & Co.
Yokohama ....MAX NOESSLER & Co.
Bruxelles..................V^{VE} FERDINAND LARCIER.

1907.

IMPRIMERIE DU "JAPAN MAIL OFFICE" YOKOHAMA.

PREFACE.

Les lois japonaises antérieures sont plus ou moins des imitations des lois actuelles allemandes ou françaises; dans le nouveau Code Pénal les législateurs se sont inspirés plutôt de la science criminaliste moderne sans prendre une législation particulière pour modèle.

Le nouveau Code est très concis, quelquefois trop concis; il laisse au juge un pouvoir discrétionnaire beaucoup plus considérable que le Code précédent, un pouvoir qui pourrait paraître trop grand, surtout si l'on se souvient que le corps judiciaire est d'une date assez nouvelle, que même à présent la majorité des juges ne se recruite pas des deux Universités Impériales mais des écoles de droit privées, et enfin que les théories établies dans le nouveau Code sont pour la plupart empruntées à l'Europe et plus ou moins étrangères à l'esprit japonais.

La genèse de la présente traduction est assez singulière. J'ai traduit en premier lieu le texte japonais en anglais, et j'ai envoyé le manuscrit de ma traduction à M. Du Mouceau, Procureur de la République à Arras,

qui très aimablement s'était offert pour me donner une traduction provisoire française du texte anglais. M. Du Mouceau voulant dans le plus bref délai possible faire connaître au public français le nouveau Code japonais a publié sa traduction du texte anglais dans le "Monde Économique." Cette traduction n'ayant pas été revue par moi avant sa publication présente le défaut inévitable de ne pas s'être inspirée de l'original. Il en résulte qu'elle devait nécessairement contenir des erreurs et bien des fois s'éloigner par trop du texte original japonais. J'étais donc obligé de revoir entièrement le texte français de façon à le mettre en harmonie avec le texte primitif. En suivant d'aussi près que possible le texte original j'espère donner au public français une idée assez exacte du nouveau Code Pénal Japonais.

Je tiens à remercier sincèrement M. Du Mouceau de l'assistance précieuse qu'il a bien voulu m'accorder en préparant le texte provisoire de la traduction française. Ce travail ingrat et assez pénible pour un savant si éminent m'a mis en état de publier la traduction française au moment actuel.

L. H. LOENHOLM.

Tokyo, le 12 août 1907.

CODE PENAL JAPONAIS.

DISPOSITIONS GÉNÉRALES.

Chapitre I.—Dispositions Préliminaires.

1.—Cette loi est applicable à toutes les personnes quelles qu'elles soient qui commettent un délit dans l'Empire.

Elle s'applique également aux personnes qui commettent un délit hors de l'Empire sur un bateau japonais.

2.—Cette loi est applicable à toutes les personnes quelles qu'elles soient qui commettent hors de l'Empire un des délits suivants :—

1° Ceux mentionnés dans les articles 73-76 ;

2° Ceux mentionnés dans les articles 77-79 ;

3° Ceux mentionnés dans les articles 81-89 ;

4° Ceux mentionnés dans l'article 148 et la tentative de ces délits ;

5° Ceux mentionnés dans les articles 154, 155, 157 et 158 ;

6° Ceux mentionnés dans les articles 162 et 163 ;

7° Ceux mentionnés dans les articles 164-166 et la tentative des délits mentionnés dans les articles 164, 2 ; 165, 2 et 166, 2.

3.—Cette loi est applicable aux sujets japonais qui commettent hors de l'Empire un des délits suivants :—

1° Ceux mentionnés dans les articles 108 et 109, 1 ; ceux qui doivent être punis d'après les règles des articles 108 et 109, 1 et la tentative de ces délits ;

2° Celui mentionné dans l'article 119 ;

3° Ceux mentionnés dans les articles 159-161 ;

4° Ceux mentionnés dans l'article 167 et la tentative des délits mentionnés dans l'article 167, 2 ;

5° Ceux mentionnés dans les articles 176-179, 181 et 184 ;

6° Ceux mentionnés dans les articles 199 et 200 et la tentative de ces delits ;

7° Ceux mentionnés dans les articles 204 et 205 ;

8° Ceux mentionnés dans les articles 214-216 ;

9° Celui mentionné dans l'article 218 et celui d'avoir causé la mort ou un dommage corporel en commettant le délit mentionné dans le même article ;

10° Ceux mentionnés dans les articles 220 et 221 ;

11° Ceux mentionnés dans les articles 224-228 ;

12° Celui mentionné dans l'article 230 ;

13° Ceux mentionnés dans les articles 235, 236, 238-241 et 243 ;

14° Ceux mentionnés dans les articles 246-250 ;

15° Celui mentionné dans l'article 253 ;

16° Celui mentionné dans l'article 256, 2.

Cette loi s'applique également aux étrangers qui commettent hors de l'Empire un des délits mentionnés dans le paragraphe précédent contre un sujet japonais.

4.—Cette loi est applicable aux fonctionnaires japonais qui hors de l'Empire commettent un de délits suivants :

1° Celui mentionné dans l'article 101 et la tentative de ce délit ;

2° Celui mentionné dans l'article 156 ;

3° Celui mentionné dans les articles 193, 195, 2 et 197 et celui d'avoir causé la mort ou un dommage corporel en commettant le délit mentionné dans l'article 195, 2.

5.—Une sentence prononcée dans un pays étranger même lorsqu'elle est devenue définitive, n'empêchera pas qu'une nouvelle peine soit prononcée contre le délinquant pour le même délit ; mais, si le délinquant a déjà entièrement ou partiellement subi la peine prononcée contre lui par un tribunal étranger, la peine pourra ne pas être exécutée ou ne l'être qu'en partie.

6.—Lorsque, après la perpétration d'un délit, la peine édictée précédemment est modifiée par une loi nouvelle, c'est la peine la plus douce qui est applicable.

7.—Dans cette loi le terme "fonctionnaire" indique les employés du Gouvernement ou autres fonctionnaires publics ou les membres d'un corps constitué, d'un comité ou d'un autre corps public exerçant des fonctions publiques en vertu de lois ou règlements.

Le terme "corps officiel"* indique un bureau exerçant collectivement les fonctions de fonctionnaires.

8.—Les dispositions générales de cette loi s'appliquent

* Le mot japonais correspond au mot allemand "Behoerde ;" mais le français n'a pas de terme équivalent.

également aux pénalités stipulées par les autres lois ou règlements à moins que ceux-ci ne contiennent des stipulations différentes.

CHAPITRE II.—DES PEINES.

9.—Les peines principales sont la mort, la réclusion, l'emprisonnement, la forte amende, les arrêts et la légère amende. La confiscation est une peine supplémentaire.

10.—Le degré de gravité des peines principales suit l'ordre dans lequel elles sont énumérées dans l'article précédent. Toutefois l'emprisonnement perpétuel est plus grave que la réclusion à temps, et si le maximum d'un emprisonnement à temps est plus de deux fois aussi long qu'une peine de réclusion à temps, l'emprisonnement est la peine la plus grave.

Pour les peines de même nature, celle qui est de plus longue durée ou du montant le plus fort, est considérée la plus grave, et si le maximum de durée ou de montant est égal, la peine ayant le plus haut minimum de durée ou de montant est la plus grave.

En cas de deux ou plusieurs peines de mort ou de peines de même nature et de même durée ou de même montant le degré de gravité est fixé d'après les circonstances du délit.

11.—La peine de mort sera exécutée par pendaison dans une prison.

Le condamné à mort sera détenu dans une prison jusqu'à l'exécution de la sentence.

12.—La peine de la réclusion sera perpétuelle ou à

temps. Cette dernière ne saurait être inférieure à un mois ni supérieure à quinze années.

Le condamné à la réclusion sera détenu dans une prison et contraint aux travaux prescrits.

13.—La peine de l'emprisonnement sera perpétuelle ou à temps. Cette dernière ne saurait être inférieure à un mois ni supérieure à quinze années.

Le condamné à l'emprisonnement sera détenu dans une prison.

14.—Si la peine de la réclusion ou de l'emprisonnement à temps doit être augmentée, elle peut être portée à vingt ans. Si la peine de la réclusion ou de l'emprisonnement à temps doit être réduite, elle pourra être fixée à moins d'un mois.

15.—La forte amende ne sera pas inférieure à vingt *yen*; si elle est réduite, elle pourra être abaissée à une somme moindre.

16.—La durée des arrêts ne sera pas inférieure à un jour ni supérieure à un mois. Le condamné aux arrêts sera détenu dans une maison d'arrêt.

17.—L'amende légère ne sera pas inférieure à dix *sen* ni supérieure à vingt *yen*.

18.—Celui qui ne peut payer entièrement une forte amende, sera détenu dans une maison de travail pendant un jour au moins et un an au plus.

Celui qui ne peut pas payer entièrement une amende légère, sera détenu dans une maison de travail pendant un jour au moins et un mois au plus.

Si plusieurs amendes légères ont été prononcées en

même temps, la détention ne pourra être de plus de soixante jours.

Lorsqu' une forte amende ou une amende légère sera prononcée, le jugement fixera la durée de la détention dans une maison de travail en cas de non-paiement.

A moins que le condamné n'y consente, la détention dans la maison de travail ne pourra avoir lieu que lorsque la sentence sera devenue définitive depuis trente jours, s'il s'agit d'une forte amende, et depuis dix jours, s'il s'agit d'une amende légère.

Si le condamné à une forte amende ou à une amende légère paie une partie de l'amende, il y aura lieu de déduire de la durée de sa détention un nombre de jours correspondant à la somme payée d'après le rapport qui existe entre le moutant de l'amende et le nombre de jours de détention à subir.

Lorsqu' une partie de la forte amende ou de l'amende légère sera payée au cours de la détention, celle-ci sera réduite quant à sa durée dans les proportions indiquées ci-dessus.

La somme qui n'est pas égale à un jour de détention dans une maison de travail ne sera pas exigible.

19.—Les objets qui pourront être confisqués sont les suivants :

2° Ceux qui constituent le délit ;

2° Ceux qui ont servi ou étaient destinés à servir à la perpétration du délit ;

3° Ceux qui ont été produits ou acquis par le délit.

Les objects qui appartiennent à une autre personne que le délinquant ne pourront être confisqués.

20.—A moins de dispositions spéciales, la confiscation n'est pas permise lorsque la peine est seulement celle des arrêts ou de l'amende légère. Mais cette disposition ne s'applique point à la confiscation des objets mentionnés dans l'article 19, 1, n° 1.

21.—Le nombre de jours durant lequel une personne est emprisonnée avant que la sentence soit rendue, pourra être compté partiellement ou totalement pour une partie de la peine.

Chapitre III.—Calcul des périodes.

22.—En déterminant une période les mois et les années sont comptés d'après le calendrier.

23.—La durée de la peine est comptée du jour où le jugement est définitif.

Même après que le jugement est devenu définitif, les jours pendant lesquels le condamné n'était pas emprisonné ne seront pas comptés dans la durée de la peine.

24.—Le jour où le condamné a commencé de subir la peine sera compté pour un jour entier sans avoir égard à l'heure. Il en est de même pour le premier jour de la prescription.

La libération aura lieu le jour qui suivra l'expiration de la peine.

Chapitre IV.—Sursis à l'exécution des peines.

25.—Dans les cas suivants celui qui a été condamné à la réclusion ou à l'emprisonnement pour deux ans au plus peut en raison des circonstances obtenir qu'il soit sursis à l'exécution de la peine pendant une période d'un à cinq ans à compter du jour où la sentence est définitive :

1° S'il n'a pas été puni antérieurement de l'emprisonnement ou d'une peine plus grave ;

2° Si, bien que précédemment puni de l'emprisonnement ou d'une peine plus grave, il s' est écoulé depuis qu' il a subi cette peine ou a été exempté de son exécution, au moins sept années durant lesquelles il n'a pas été puni de l'emprisonnement ou d'une peine plus grave.

26.—Le sursis à l'exécution de la peine sera retiré dans les cas suivants :

1° Si, pendant la durée du sursis, le condamné commet un nouveau délit et est puni de l'emprisonnement ou d'une peine plus grave ;

2° Si pour un autre délit commis avant le sursis le condamné est puni de l'emprisonnement ou d'une peine plus grave ;

3° S'il est découvert que, pour un délit commis avant le sursis, il a déjà été puni de l'emprisonnement ou d'une peine plus grave ; toutefois cette disposition n'est pas applicable aux personnes visées dans l'article 26, n° 2.

27.—Quand la période de sursis de la peine est pleinement écoulée sans que le sursis ait été retiré, le jugement par lequel la peine est infligée est annulé.

Chapitre V.—Mise en Liberté Provisoire.

28.—Lorsqu'un condamné à la réclusion ou à l'emprisonnement se sera amendé, il pourra, par une décision des autorités administratives, être mis provisoirement en liberté, lorsqu'il aura subi un tiers de sa peine si la peine est à temps, et après dix ans révolus si la peine est perpétuelle.

29.—La mise en liberté provisoire pourra être retirée dans les cas suivants :

1° Si pendant la mise en liberté le condamné commet un autre délit et est puni d'une forte amende ou d'une peine plus grave ;

2° S'il est puni d'une forte amende ou d'une peine plus grave pour un délit commis avant la mise en liberté ;

3° S'il a déjà été puni avant sa mise en liberté pour un autre délit d'une forte amende ou d'une peine plus grave et a encore à subir cette peine ;

4° S'il contrevient à un règlement relatif à la mise en liberté provisoire.

Si la mise en liberté provisoire est retirée, le nombre de jours de liberté n'est pas compris dans le temps de la peine.

30.—Celui qui a été puni des arrêts peut suivant les circonstances être, en tout temps, mis provisoirement en liberté par les autorités administratives.

Il en sera de même pour celui qui serait détenu dans une maison de travail pour n'avoir pu payer une forte amende ou une amende légère.

Chapitre VI.—Prescription.

31.—Le condamné acquiert par prescription l'exemption de l'exécution de la peine.

32.—La prescription est accomplie, lorsque, la condamnation étant devenue définitive, la peine n'a pas été exécutée dans les délais suivants :

1° Trente ans, pour la peine de mort ;

2° Vingt ans, pour la peine de la réclusion perpétuelle ou de l'emprisonnement perpétuel ;

3° Quinze ans, pour la peine de la réclusion ou de l'emprisonnement à temps d'une durée de dix ans ou plus ; dix ans, si la réclusion ou l'emprisonnement à temps est de trois ans ou plus, et cinq ans, si la peine est de moins de trois ans;

4° Trois ans, pour une peine de forte amende ;

5° Un an, pour une peine d'arrêts, d'amende légère ou la confiscation.

33.—Le temps pendant lequel en vertu de la loi ou de règlements l'exécution de la peine est suspendue ou arrêtée ne compte pas pour la prescription.

34.—La mise en état d'arrestation du délinquant en vue de lui faire subir sa peine interrompt la prescription.

En ce qui concerne la forte et la légère amende ainsi que la confiscation la prescription est interrompue par tout acte d'exécution.

Chapitre VII.—Non-existence du délit. Réduction ou exemption de la peine.

35.—L'acte qui est fait en vertu de la loi ou d'un règlement ou dans l'exercise d'une profession légale, n'est pas punissable.

36.—N'est pas punissable l'acte devenu inévitable pour protéger le droit de l'auteur lui-même ou d'une autre personne contre une lésion injuste imminente. Si l'acte a excédé ce qui était nécessaire pour la défense, la peine pourra être, suivant les circonstances, réduite ou remise.

37.—N'est pas punissable l'acte devenu inévitable pour prévenir un danger actuel pour la vie, la personne, la liberté ou la propriété de l'auteur lui-même ou d'une autre personne, pourvu que le mal causé ne soit pas plus grave que celui qu'il avait pour but d'éviter. Si l'acte a excédé les limites de la défense légale, la peine pourra être, suivant les circonstances, réduite ou remise.

Ces dispositions ne s'appliquent pas à celui qui est lié par une obligation professionnelle spéciale.

38.—L'acte fait sans intention de commettre un délit n'est pas punissable, à moins qu'il ne soit stipulé autrement par la loi. Une personne qui en commettant un délit n'a pas connaissance d'un fait aggravant, ne peut pas être condamnée suivant ce fait.

On ne peut prévaloir de l'ignorance de la loi pour prétendre que l'on n'avait pas l'intention de commettre un délit ; toutefois dans ce cas la peine pourra être réduite suivant les circonstances.

39.—L'acte d'un insensé n'est pas punissable ; si le délinquant est un faible d'esprit, la peine sera réduite.

40.—L'acte d'un sourd-muet n'est pas punissable ou la peine sera réduite.

41.—L'acte d'une personne qui n'a pas quatorze ans accomplis n'est pas punissable.

42.—Lorsque le délinquant fera des aveux aux

autorités avant que sa culpabilité ne soit officiellement découverte, la peine pourra être réduite.

Lorsque le délit est poursuivi sur la plainte d'un particulier, l'aveu fait à ce particulier aura les mêmes effets.

Chapitre VIII.—Tentatives.

43.—Lorsque une personne a commencé à exécuter un délit, mais ne l'a pas consommé, la peine pourra être réduite. Si c'est de son propre mouvement qu'elle laissa le délit inachevé, la peine sera réduite ou remise.

44.—Les cas dans lesquels la tentative sera punie sont spécialement déterminés dans des articles particuliers.

Chapitre IX.—Concours de délits.

45.—Plusieurs délits pour lesquels des sentences définitives ne sont pas encore prononcées, sont des délits concurrents. Si une sentence définitive a été prononcée à l'égard de l'un des délits, seul ce délit et les délits commis avant que la sentence intervenue ne soit devenue définitive, sont des délits concurrents.

46.—Si la peine pour l'un des délits concurrents est la mort, les autres peines ne seront pas infligées ; mais cette prescription ne vise pas la confiscation.

Si la peine pour l'un des délits concurrents est la réclusion perpétuelle ou l'emprisonnement perpétuel, les peines pour les autres délits ne seront pas infligées ; mais cette prescription ne vise ni la confiscation ni la forte et la légère amende.

47.—Si parmi les délits concurrents il y en a deux ou plus qui sont passibles de la réclusion ou de l'emprisonnement à temps, le maximum de la peine qui pourra être infligée est le maximum de la peine fixé pour le délit le plus grave augmenté de la moitié ; mais dans aucun cas cette peine n'excédera le total du maximum de toutes les peines encourues pour tous les délits.

48.—La forte amende se cumule avec toute autre peine ; mais cette prescription ne vise pas le cas spécifié dans l'article 46, 1.

En cas de deux ou plusieurs fortes amendes la peine sera le total de toutes les amendes additionnées.

49.—Dans le cas de concours de délits, si la confiscation n'est pas prévue pour le délit le plus grave, mais l'est pour quelque autre de ces délits, la confiscation pourra cependant être prononcée.

Plusieurs confiscations se cumulent.

50.—En cas de délits concurrents, s'il y en a qui ont déjà été jugés et d'autres qui ne l'ont pas été, une nouvelle sentence sera rendue pour ceux qui n'ont pas encore été jugés.

51.—En cas de délits concurrents, lorsque deux ou plusieurs sentences ont été prononcées, les peines seront exécutées ensemble ; mais si la peine de mort est prononcée, les autres peines, la confiscation exceptée, ne seront pas exécutées. Si la peine de la réclusion perpétuelle ou de l'imprisonnement perpétuel doit être exécutée, les autres peines ne le seront pas, excepté la forte et la légère amende et la confiscation. Si la peine de la réclusion à temps ou de l'emprisonnement à temps doit être exécutée, la peine ne peut surpasser le maximum de la peine prescrite par la loi pour le délit le plus grave augmenté de moitié.

52.—En cas de délits concurrents, lorsque le pardon a été accordé pour l'un des délits, la peine pour les délits non compris dans le pardon sera fixée séparément.

53.—Les arrêts ou l'amende légère et les autres peines se cumulent; mais cette prescription ne vise pas le cas mentionné dans l'article 46.

Plusieurs peines d'arrêts ou d'amendes légères se cumulent.

54.—Si un acte tombe sous plusieurs qualifications pénales ou si un acte qui a servi à commettre un délit ou qui est le résultat d'un délit tombe sous une autre qualification pénale, la peine qui est la plus grave sera infligée.

Les prescriptions de l'article 49, 2 s'appliquent au paragraphe précédent.

55.—Si des actes consécutifs tombent sous la même qualification pénale, ils seront punis comme *un* délit.

Chapitre X.—Des délits répétés.

56.—Il y a récidive lorsque le condamné à la réclusion commet un autre délit qui est passible de réclusion à temps dans les cinq ans après qu'il a subi la peine ou en a été exempté.

Il en est de même lorsque le condamné qui avait été puni de mort pour délit de même nature que ceux qui sont passibles de réclusion, dès le jour où il a été exempté de l'exécution de la peine de mort ou dès le jour où il a subi la peine commuée en réclusion ou a été exempté de l'exécution de cette peine, commet dans le temps spécifié au paragraphe précédent un autre délit et est puni de réclusion à temps.

Si une personne a été condamnée pour des délits concurrents et que l'un de ces délits est passible de la réclusion, même si ce délit n'est pas le plus grave, il y a lieu en ce qui concerne l'application de la récidive de considérer le délinquant comme s'il avait été puni de la réclusion.

57.—La peine en cas de récidive ne pourra être supérieure au double du maximum de la réclusion prescrite pour le délit.

58.—Si, lorsqu'une sentence est devenue définitive, on découvre que le délinquant était en état de récidive, la peine sera augmentée conformément à l'article précédent.

Cette disposition n'est pas applicable si la récidive est découverte après que le condamné a entièrement subi sa réclusion ou a été exempté de l'exécution de la peine.

59.—Les règles relatives à la récidive s'appliquent également dans le cas où un délit est répété plusieurs fois.

Chapitre XI.—Délits commis en commun.

60.—Si plusieurs personnes exécutent un délit en commun, chacune d'elles est auteur principal.

61.—Celui qui par instigation a induit une personne à exécuter un délit est traité comme s'il était auteur principal.

Il en est de même pour celui qui a incité l'instigateur de délit.

62.—Le complice est celui qui prête assistance à l'auteur principal.

Celui qui a incité un complice est traité comme s'il était complice.

63.—Le complice encourt une peine analogue à la peine dont est passible l'auteur principal, mais elle est plus légère.

64.—L'instigateur ou le complice d'un délit qui est passible seulement des arrêts ou d'amende légère n'est puni que dans les cas stipulés spécialement par la loi.

65.—S'il y a participation dans un acte qui est considéré comme délit en raison de la qualité personnelle d'un des auteurs, ceux des auteurs qui n'ont point cette qualité sont toutefois coauteurs du délit.

Si le degré de gravité de la peine dépend de la qualité personnelle, ceux qui n'ont point cette qualité ne seront passibles que de la peine ordinaire.

Chapitre XII.—Réduction de peine dépendant des tribunaux.

66.—Si un délit est commis dans des circonstances atténuantes, il dépend du pouvoir discrétionnaire du Tribunal de réduire la peine.

67.—Le Tribunal peut réduire la peine même si une augmentation ou une réduction de peine prend place en vertu de la loi.

Chapitre XIII.—Augmentation ou réduction de peine.

68.—S'il existe un ou plusieurs motifs légaux de

réduire la peine, la réduction s'effectuera d'après les règles suivantes :

1° Si c'est la peine de mort qui doit être réduite, la réclusion perpétuelle ou l'emprisonnement perpétuel ou bien la réclusion ou l'emprisonnement pour une durée de dix ans au moins sera infligé ;

2° Si c'est la peine de la réclusion perpétuelle ou de l'emprisonnement perpétuel qui doit être réduite, la réclusion ou l'emprisonnement à temps pour une durée de sept ans au moins sera infligé ;

3° Si c'est la peine de réclusion ou d'emprisonnement à temps qui doit être réduite, elle le sera de moitié ;

4° Si c'est la peine de la forte amende qui doit être réduite, elle le sera de moitié ;

5° Si c'est la peine des arrêts qui doit être réduite, elle le sera de la moitié du maximum ;

6° Si c'est la peine de l'amende légère qui doit être réduite, elle le sera de la moitié du maximum.

69.—Lorsqu'une peine doit être réduite en vertu de la loi et que deux ou plusieurs sortes de peines sont prévues par l'article relatif au délit, la peine sera fixée d'abord et la réduction portera ensuite sur la peine.

70.—Lorsque dans le cas de la réduction de la réclusion, de l'emprisonnement ou des arrêts il y aura une fraction de jour, celle-ci ne comptera pas.

Il en sera de même en cas de forte ou légère amende quand le restant de l'amende sera inférieure à un *sen*.

71.—Lorsqu'une peine devra être réduite en vertu du

pouvoir discrétionnaire du Tribunal, elle le sera conformément aux prescriptions des articles 68 et 70.

72.—S'il y a en même temps motif à réduction et à augmentation de peine, on devra observer l'ordre suivant :

1° Augmentation de peine pour récidive ;

2° Réduction de peine prescrite par la loi ;

3° Augmentation de peine pour cause de délits concurrents ;

4° Réduction de peine en vertu du pouvoir discrétionnaire du Tribunal

---

LIVRE II.

Chapitre I.—Délits contre la maison impériale.

73.—Celui qui commet ou tente de commettre un attentat contre l'Empereur, la Grande Impératrice douairière, l'Impératrice, le Prince Impérial ou le petit fils Impérial, sera puni de mort.

74.—Celui qui commet un acte irrespectueux à l'égard de l'Empereur, la Grande Impératrice douairière, l'Impératrice douairière, l'Impératrice, le Prince Impérial ou le petit fils Impérial, sera puni de trois mois à cinq ans de réclusion.

Il en sera de même si l'acte irrespectueux est commis à l'égard d'un temple des ancêtres Impériaux ou d'une sepulture Impériale.

75.—Celui qui commet un attentat contre un prince de la Maison Impériale sera puni de mort. La tentative sera puni de la réclusion perpétuelle.

76.—Celui qui commet un acte irrespectueux à l'égard d'un prince de la Maison Impériale sera puni de réclusion de deux mois à quatre ans.

CHAPITRE II.—INSURRECTION.

77.—Ceux qui fomentent un mouvement insurrectionnel dans le but de renverser le Gouvernement, de dépouiller l'Empire de son territoire ou de détruire l'organisation de l'Etat, seront coupables d'insurrection et punis comme suit :

1° Le chef sera puni de mort ou de réclusion perpétuelle ;

2° Celui qui prendra part à la conspiration ou dirigera une bande, sera puni d'emprisonnement perpétuel ou d'un emprisonnement de trois ans au moins, et celui qui jouera un rôle quelconque, sera puni d'un emprisonnement de un à dix ans ;

3° Celui qui se joindra aux autres ou prendra seulement part au mouvement insurrectionnel sera puni d'un emprisonnement de trois ans au plus.

Dans les cas ci-dessus spécifiés, excepté sous le n° 3, la tentative est punissable.

78.—Celui qui fait des préparatifs ou conspire dans le but de fomenter une insurrection, sera puni d'un emprisonnement de un à dix ans.

79.—Celui qui fournit des armes, de l'argent ou des approvisionnements ou par tout autre moyen facilite la perpétration des délits mentionnés dans les deux articles précédents, sera puni d'un emprisonnement de sept ans au plus.

80.—Sera exempt de peine celui qui ayant commis un des délits mentionnés dans les deux articles précédents fera des aveux aux autorités avant que le mouvement insurrectionnel éclate.

Chapitre III.—Délits contre la sûreté extérieure de l'Etat.

81.—Celui qui par ses intrigues avec un Etat étranger incite celui-ci à faire la guerre contre l'Empire ou qui se joint à un ennemi étranger et commet des actes hostiles contre l'Empire, sera puni de mort.

82.—Celui qui livre à l'ennemi étranger un fort, un camp militaire, une force militaire, un navire ou d'autres places ou bâtiments utilisés dans un but militaire, sera puni de mort.

Celui qui livre à un ennemi étranger des armes, des munitions ou d'autres objets utilisés dans un but militaire, sera puni de mort ou de réclusion perpétuelle.

83.—Celui qui pour procurer un avantage à un ennemi étranger détruit ou met hors d'usage un fort, un camp militaire, un navire, des armes, des munitions, un wagon de chemin de fer à vapeur ou électrique, un chemin de fer, des fils électriques ou d'autres locaux ou objets utilisés dans un but militaire, sera puni de mort ou de réclusion perpétuelle.

84.—Celui qui livre à un ennemi étranger des armes, des munitions ou d'autres objets qui peuvent recevoir un emploi immédiat dans la guerre, mais qui n'ont pas été mis en usage dans un but militaire par l'Empire, sera puni de réclusion perpétuelle ou de trois ans de réclusion au moins.

85.—Celui qui espionne pour le compte d'un ennemi étranger ou aide l'espion d'un ennemi étranger, sera puni de mort ou de réclusion perpétuelle ou de cinq ans de réclusion au moins.

Il en sera de même pour celui qui dévoile à un ennemi étranger les secrets militaires.

86.—Celui qui par d'autres moyens que ceux mentionnés dans les cinq articles précédents procure un avantage militaire à un ennemi étranger ou cause un désavantage militaire à l'Empire, sera puni de deux ans de réclusion au moins.

87.—Aux cas visés par les six articles précédents la tentative est punissable.

88.—Celui qui fait des préparatifs ou conspire dans le but de commettre un des délits visés par les articles 81-86, sera puni de un à dix ans de réclusion.

89.—Les prescriptions de ce chapitre s'appliquent également aux délits commis contre un Etat allié en temps de guerre.

CHAPITRE IV.—DÉLITS RELATIFS AUX RAPPORTS AVEC LES PUISSANCES ETRANGERS.

90.—Celui qui commet un acte de violence ou profère des menaces à l'encontre d'un Souverain ou Président d'une Puissance étrangère qui se trouve dans l'Empire sera puni de un à dix ans de réclusion.

Celui qui offense un Souverain ou Président d'une Puissance étrangère qui se trouve dans l'Empire sera puni de trois ans de réclusion au plus. Ce délit sera poursuivi sur la demande du Gouvernement étranger.

91.—Celui qui commet un acte de violence ou profère des menaces à l'encontre du Représentant d'un Etat étranger au Japon, sera puni de trois ans de réclusion au plus.

Celui qui offense le Représentant d'un Etat étranger au Japon, sera puni de deux ans de réclusion au plus. Ce délit sera poursuivi sur la demande de la personne offensée.

92.—Celui qui dans l'intention d'offenser une Puissance étrangère, déchire, déplace ou souille son drapeau national ou tout autre emblème national, sera puni de deux ans de réclusion au plus ou d'une forte amende de 200 *yen* au plus. Ce délit sera poursuivi sur la demande du Gouvernement étranger.

93.—Celui qui dans l'intention de faire la guerre pour son propre compte à une Puissance étrangère fait de préparatifs ou dans ce but conspire, sera puni de trois mois à cinq ans d'emprisonnement ; mais il sera exempté de peine s'il fait des aveux aux autorités.

94.—Celui qui au cours d'une guerre entre Puissances étrangères viole les règles de la neutralité, sera puni de trois ans d'emprisonnement au plus ou d'une forte amende de mille *yen* au plus.

Chapitre V,—Entraves à l'exercise des services publics.

95.—Celui qui commet un acte de violence ou profère des menaces contre un fonctionnaire dans l'exercise de ses fonctions, sera puni de trois ans de réclusion ou d'emprisonnement au plus.

Il en sera de même pour celui qui commet un acte de violence ou profère des menaces dans le but de contraindre un fonctionnaire à prendre ou ne pas prendre telle mesure ou à resigner ses fonctions.

96.—Celui qui en brisant un sceau ou en détruisant une pièce indiquant une saisie qui émane d'un fonctionnaire, ou qui par tout autre moyen rend inopérant ce sceau ou cette pièce, sera puni de deux ans de réclusion au plus ou d'une forte amende de 300 *yen* au plus.

Chapitre VI.—L'évasion.

97.—Si un prisonnier déjà jugé ou qui n'est pas encore jugé, s'évade, il sera puni d'un an de réclusion au plus.

98.—Si un prisonnier déjà jugé ou qui n'est pas encore jugé ou si une personne contre laquelle un ordre d'arrêt a été exécuté, s'évade en démolissant la prison ou en brisant ses entraves ou en commettant des actes de violence ou proférant des menaces, ou si plusieurs détenus s'évadent en agissant en concert, la peine sera de trois mois à cinq ans de réclusion.

99.—Celui qui à l'aide de la force délivre une personne détenue conformément à la loi ou à un règlement, sera puni de trois mois à cinq ans de réclusion.

100.—Celui qui pour permettre de s'évader à une personne détenue conformément à la loi ou à un règlement lui fournit des instruments ou cherche par d'autres moyens à faciliter son évasion, sera puni de trois ans de réclusion au plus.

Quiconque dans ce but commet un acte de violence ou profère des menaces, sera puni de trois mois à cinq ans de réclusion.

101.—Celui qui permet l'évasion d'une personne détenue conformément à la loi ou à un règlement pendant le temps qu'il est chargé de la garde ou du transfert de ce détenu, sera puni de un à dix ans de réclusion.

102.—Dans les cas prévus par le présent chapitre la tentative est punissable.

Chapitre VII.—Recel des criminels, destruction des preuves.

103.—Celui qui cache ou clandestinement emmène une personne qui a commis un délit punissable d'une forte amende ou d'une peine plus grave ou une personne qui s'est évadée pendant sa détention, sera puni de deux ans de réclusion au plus ou d'une forte amende de 200 *yen* au plus.

104.—Celui qui détruit, fabrique ou falsifie un objet pouvant servir de preuve dans une information criminelle ouverte contre une personne, ou qui se sert d'un objet fabriqué ou falsifié comme preuve, sera puni de deux ans de réclusion au plus ou d'une forte amende de 200 *yen* au plus.

105.—Les délits visés dans ce chapitre ne sont pas punissable s'ils sont commis par un parent du delinquant ou de la personne évadée et dans son intérêt.

Chapitre VIII.—Emeute.

106.—Ceux qui réunis en foule commettent des actes de violence ou profèrent des menaces, seront punis comme coupables d'émeute d'après les distinctions suivantes :

1° Le chef sera puni de la réclusion ou de l'emprisonnement de un à dix ans ;

2° Celui qui dirigera les autres ou donnera de la force à l'émeute en précédant les autres, sera puni de réclusion ou d'emprisonnement de six mois à sept ans ;

3° Celui qui prendra seulement part à l'émeute, sera puni d'une forte amende de 50 *yen* au plus.

107.—Si la foule assemblée pour commettre des actes de violence ou proférer des menaces ne se disperse pas sur l'injonction faite à trois reprises par le fonctionnaire compétent, le chef de l'émeute sera puni de trois ans de réclusion ou d'emprisonnement au plus ; les autres émeutiers seront punis d'une forte amende de 50 *yen* au plus.

Chapitre IX.—Incendie, négligence à l'égard du feu.

108.—Celui qui met le feu et incendie ainsi un bâtiment, un wagon de chemin de fer à vapeur ou électrique, un navire ou une mine qui à ce moment servent d'habitation à des personnes ou qui à ce moment contiennent des personnes, sera puni de mort ou de réclusion perpétuelle ou de cinq ans de réclusion au moins.

109.—Celui qui met le feu et incendie ainsi un bâtiment,

un navire ou une mine qui à ce moment ne servent pas d'habitation à des personnes ou qui à ce moment ne contiennent pas de personnes, sera puni de deux ans de réclusion au moins.

Si les objets mentionnés dans le paragraphe précédent sont la propriété de l'auteur lui-même, celui-ci sera puni de six mois à sept ans de réclusion ; mais l'acte n'est pas punissable s'il n'en résulte aucun danger public.

110.—Celui qui met le feu et incendie ainsi d'autres objets que ceux mentionnés aux deux articles précédents, et par ce fait cause un danger public, sera puni de un à dix ans de réclusion.

Si les objets mentionnés dans le paragraphe précédent sont la propriété de l'auteur lui-même, celui-ci sera puni d' un an de réclusion au plus ou d'une forte amende de 100 *yen* au plus.

111.—Si par suite d'un des délits énoncés aux articles 109, 2 et 110, 2 un des objets mentionnés aux articles 108 et 109, 1 prend feu, la peine sera de trois mois à dix ans de réclusion.

Si par suite du délit mentionné dans l'article 110, 2 un des objets mentionnés dans l'article 110, 1 prend feu, la peine sera de trois ans de réclusion au plus.

112.—Dans les cas spécifiés aux articles 108 et 109, 1 la tentative est punissable.

113.—Celui qui fera des préparatifs pour commettre un des délits prévus par les articles 108 et 109, 1 sera puni de deux ans de réclusion au plus ; mais selon les circonstances il pourra être exempté de peine.

114.—Celui qui en cas d'incendie détourne ou détruit un objet destiné à être employé pour éteindre le feu, ou de tout autre moyen entrave l'extinction du feu, sera puni de un à dix ans de réclusion.

115.—Quiconque incendie un objet mentionné dans les articles 109, 1 et 110, 1 qui, quoique appartenant à lui-même, est saisi, soumis à un droit réel, loué ou assuré, sera puni comme s'il avait mis le feu à l'objet d'autrui.

116.—Celui qui par sa négligence à l'égard du feu incendie un objet mentionné dans l'article 108 ou un objet mentionné dans l'article 109 appartenant à un autre, sera puni d'une forte amende de 300 *yen* au plus.

Il en sera de même pour celui qui par sa négligence à l'égard du feu incendie un objet mentionné dans l'article 109 appartenant à lui-même ou un objet mentionné dans l'article 110, s'il en résulte un danger public.

117.—Celui qui cause une explosion de poudre ou d'une chaudière ou d'un autre objet explosible et par ce moyen détruit un objet mentionné dans l'article 108 ou un objet mentionné dans l'article 109 appartenant à un autre, sera puni des peines édictées contre les incendiaires. Il en sera de même si un objet mentionné dans l'article 109 appartenant à l'auteur lui-même, ou si un objet mentionné dans l'article 110 est détruit, et qu'il en résulte un danger public.

Si l'acte mentionné dans le paragraphe précédent est commis par négligence à l'égard du feu, les prescriptions relatives aux négligences à l'égard du feu seront applicables.

118.—Celui qui en faisant échapper ou écouler ou en arrêtant du gaz, de l'électricité ou de la vapeur aura mis en danger la vie, le corps ou la propriété d'autrui, sera puni de trois ans de réclusion au plus ou d'une forte amende de 100 *yen* au plus.

S'il résulte de l'échappement, de l'écoulement ou de l'arrêt du gaz, de l'électricité ou de la vapeur la mort ou le dommage corporel d'une personne, la peine du dommage corporel sera infligée si elle est plus grave.

Chapitre X.—Délits relatives aux inondations et aux cours d'eau.

119.—Celui qui cause une inondation et endommage ainsi un bâtiment, un wagon de chemin de fer à vapeur ou électrique ou une mine qui à ce moment servent d'habitation à des personnes ou qui à ce moment contiennent des personnes, sera puni de mort ou de réclusion perpétuelle ou de trois ans de réclusion au moins.

120.—Celui qui cause une inondation et endommage ainsi d'autres objets que ceux énoncés dans l'article précédent et par ce fait cause un danger public, sera puni de un à dix ans de réclusion.

Lorsque l'objet endommagé appartient à l'auteur lui-même, les prescriptions du précédent paragraphe seront appliquées seulement si l'objet est saisi, soumis à un droit réel, loué ou assuré.

121.—Celui qui en cas de crue des eaux détourne ou détruit un objet destiné à être employé pour arrêter l'eau, ou qui par tout autre moyen entrave l'arrêt de la crue, sera puni de un à dix ans de réclusion.

122.—Celui qui par sa négligence cause une inondation et endommage ainsi un des objets visés dans l'article 119 ou endommage un des objets visés dans l'article 120 et par ce fait cause un danger public, sera puni d'une forte amende de 300 *yen* au plus.

123.—Celui qui rompt une digue ou détruit une vanne d'écluse ou commet un autre fait capable d'obstruer le cours de l'eau ou de causer une inondation, sera puni de deux ans de réclusion ou d'emprisonnement au plus ou d'une forte amende de 200 *yen* au plus.

Chapitre XI.—Entraves au trafic.

124.—Celui qui détruit ou obstrue une voie publique, une voie d' eau ou un pont et ainsi entrave le trafic, sera puni de deux ans au plus de réclusion ou d'une forte amende de 200 *yen* au plus.

S'il résulte du fait mentionné dans le paragraphe précédent la mort ou le dommage corporel d'une personne, la peine du dommage corporel sera infligée si elle est plus grave.

125.—Celui qui détruit un chemin de fer ou ses signaux ou par tout autre moyen entrave le trafic des wagons de chemin de fer à vapeur ou électrique, sera puni de deux ans de réclusion au moins.

Il en sera de même pour celui qui détruit un phare ou une bouée ou qui par tout autre moyen met en danger le trafic des navires.

126.—Celui qui renverse ou détruit un wagon de chemin de fer à vapeur ou électrique qui à ce moment contient des personnes, sera puni de réclusion perpétuelle ou de trois ans de réclusion au moins.

Il en sera de même pour celui qui fait couler ou échouer ou détruit un navire qui à ce moment contient des personnes.

Si en conséquence d'un des délits mentionnés dans les deux paragraphes précédents il résulte la mort d'une personne, la peine sera la mort ou la réclusion perpétuelle.

127.—Celui qui en commettant le délit mentionné dans l'article 125 cause qu'un wagon de chemin de fer à vapeur ou électrique est renversé ou détruit ou qu'un navire coule, échoue ou est détruit, sera puni des peines edictées dans l'article précédent.

128.—Dans les cas prévus par les articles 124, 1, 125, 126, 1 et 2 la tentative est punissable.

129.—Celui qui par négligence met en danger le trafic des wagons de chemin de fer à vapeur ou électrique ou des navires, ou qui cause qu'un wagon de chemin de fer à vapeur ou éectrique est renversé oul détruit ou qu'un navire coule, échoue ou est détruit, sera puni d'une forte amende de 500 *yen* au plus.

Si le délit mentionné dans le précédent paragraphe est commis par une personne dans l'exercise de ses fonctions, la peine sera de trois ans d'emprisonnement au plus ou d'une forte amende de 1000 *yen* au plus.

Chapitre XII.—Violation de domicile.

130.—Celui qui sans droit pénètre dans une maison habitée ou dans une enceinte, un bâtiment ou un navire gardés par une personne, ou qui refuse de sortir de ces lieux après avoir été invité à le faire, sera puni de trois ans de réclusion au plus ou d'une forte amende de 50 *yen* au plus.

131.—Celui qui sans droit pénètre dans le Palais Impérial, l'enclos du Palais, un Palais Impérial secondaire ou un lieu de résidence momentanée de l'Empereur, sera puni de trois mois à cinq ans de réclusion.

Il en sera de même pour celui qui pénètre dans le temple d'un ancêtre Impérial ou dans un lieu reservé à la sepulture Impériale.

132.—Dans les cas prévus par ce chapitre la tentative est punissable.

Chapitre XIII.—Violation de secret.

133.—Celui qui sans droit ouvre un pli fermé, sera puni d'un an de réclusion au plus ou d'une forte amende de 200 *yen* au plus.

134.—Celui qui, exerçant ou ayant exercé la profession de pharmacien, médecin, drogiste, sage-femme, avocat, défenseur ou notaire, sans droit révèle un secret dont il a connaissance en raison de sa profession, sera puni de six mois de réclusion au plus ou d'une forte amende de 100 *yen* au plus.

Il en sera de même pour celui qui, exerçant ou ayant exercé la profession de ministre d'une religion ou d'un culte religieux, sans droit révèle un secret dont il a connaissance en raison de sa profession.

135.—Les délits mentionnés dans ce chapitre seront poursuivis sur la plainte.

Chapitre XIV.—Délits relatifs à l'opium à fumer.

136.—Celui qui importe, fabrique ou met en vente de l'opium à fumer ou en a en sa possession avec l' intention de le vendre, sera puni de six mois à sept ans de réclusion.

137.—Celui qui importe, fabrique ou met en vente des ustensiles pour fumer l'opium ou en a en sa possession avec l' intention de les vendre, sera puni de trois mois à cinq ans de réclusion.

138.—Le douanier qui importe ou laisse importer de l'opium à fumer ou des ustensiles pour fumer l'opium, sera puni de un à dix ans de réclusion.

139.—Celui qui fume de l'opium, sera puni de trois ans de réclusion au plus.

Celui qui par appât de gain procure un local destiné à fumer l'opium, sera puni de six mois à sept ans de réclusion.

140.—Celui qui a en possession de l'opium ou des ustensiles à fumer l'opium, sera puni d'un an de réclusion au plus.

141.—Dans les cas prévus par ce chapitre la tentative est punissable.

Chapitre XV.—Délits relatifs aux eaux potables.

142.—Celui qui souille une eau pure servant à la consommation de l'homme et la rend ainsi impropre à la consommation, sera puni de six mois de réclusion au plus ou d'une forte amende de 50 *yen* au plus.

143.—Celui qui souille une eau pure potable qui est

livrée au public par un acqueduc ou la source de cette eau et rend ainsi l'eau impropre à la consommation, sera puni de six mois à sept ans de réclusion.

144.—Celui qui mèle à une eau pure servant à la consommation de l'homme une substance poisoneuse ou d'autres substances nuisibles à la santè de l'homme sera puni de trois ans de réclusion au plus.

145.—Si des délits prévus par les trois articles précédents il résulte la mort ou le dommage corporel d'une personne, la peine du dommage corporel sera infligée si elle est plus grave.

146.—Celui qui mèle une substance poisoneuse ou une autre substance nuisible à la santé de l'homme à de l'eau pure potable qui est livrée au public par un acqueduc ou à la source de cette eau, sera puni de deux ans au moins de réclusion à temps. S'il en résulte la mort d'une personne, la peine sera celle de mort ou de la réclusion perpétuelle ou de cinq ans au moins de réclusion.

147.—Celui qui détruit ou obstrue un acqueduc qui sert à conduire de l'eau pure potable livrée au public, sera puni de un à dix ans de réclusion.

Chaptitre XVI.—Contrefaçon et falsification des monnaies.

148.—Celui qui avec intention d'en faire usage contrefait ou falsifie une pièce de monnaie, un papier monnaie ou un billet de banque, sera puni de la réclusion perpétuelle ou de trois ans de réclusion au moins.

Il en sera de même pour celui qui fait usage d'une pièce de monnaie, d'un papier monaie ou d'un billet de banque contrefaits ou falsifiés ou avec intention d'en faire usage les donne à un autre ou les importe dans l'Empire.

149.—Celui qui avec intention d'en faire usage contrefait ou falsifie des pièces de monnaie, du papier monnaie ou des billets de banque étrangers mis en circulation au Japon, sera puni de deux ans de réclusion au moins.

Il en sera de même pour celui qui fait usage de pièces de monnaie, de papier monnaie ou de billets de banque étrangers qui sont contrefaits ou falsifiés ou avec intention d'en faire usage les donne à un autre ou les importe dans l'Empire.

150.—Celui qui avec intention d'en faire usage reçoit une pièce de monnaie, un papier monnaie ou un billet de banque contrefaits ou falsifiés, sera puni de trois ans de réclusion au plus.

151.—Dans les cas des trois derniers articles la tentative est punissable.

152.—Celui qui après avoir reçu une pièce de monnaie, un papier monnaie ou un billet de banque en fait usage sachant qu'il est contrefait ou falsifié, sera puni d'une forte ou légère amende de trois fois la valeur nominale de l'objet contrefait ou falsifié, sans toutefois que cette amende puisse être inférieure à un *yen*.

153.—Celui qui prépare des instruments ou des matériaux avec intention de s'en servir pour contrefaire ou falsifier des pièces de monnaie, du papier monnaie ou des billets de banque, sera puni de trois mois à cinq ans de réclusion.

Chapitre XVII.—Fabrication et falsification de pièces.

154.—Celui qui avec intention d'en faire usage, en se servant du timbre Impérial, du sceau de l'Etat ou de la signature Impériale, fabrique un document Impérial ou un autre document, ou en se servant d'un timbre Impérial, d'un sceau de l'Etat ou d'une signature Impériale faux fabrique un document Impérial ou un autre document, sera puni de la réclusion perpétuelle ou de trois ans de réclusion au moins.

Il en sera de même pour celui qui falsifie un document Impérial ou un autre document portant le timbre Impérial, le sceau de l'Etat ou la signature Impériale.

155.—Celui qui avec intention d'en faire usage, en se servant du timbre ou de la signature d'un corps officiel* ou d'un fonctionnaire, fabrique un document ou un plan qui devrait être fait par un corps officiel ou un fonctionnaire, ou qui, en se servant d'un timbre ou signature faux d'un corps officiel ou d'un fonctionnaire, fabrique un document ou un plan qui devrait être fait par un corps officiel ou un fonctionnaire, sera puni de un à dix ans de réclusion.

Il en sera de même pour celui qui falsifie un document ou un plan portant le timbre ou la signature d'un corps officiel ou d'un fonctionnaire.

Celui qui autrement que dans les cas mentionnés dans les deux paragraphes précédents fabrique un document ou un plan qui devrait être fait par un corps officiel

---

*Voyez art. 7.

ou un fonctionnaire, ou falsifie un document ou un plan fait par un corps officiel ou un fonctionnaire, sera puni de trois ans de réclusion au plus ou d'une forte amende de 300 *yen* au plus.

156.—Le fonctionnaire qui, avec intention d'en faire usage dans l'exercise de ses fonctions, fait un document ou un plan faux ou falsifie un document ou un plan, sera puni conformément aux deux articles précédents suivant que ces pièces porteront ou non un timbre ou une signature.

157.—Celui qui fait une fausse déclaration à un fonctionnaire et ainsi cause qu'une fausse mention soit insérée sur l'original d'un document public relatif à un droit ou à une obligation, sera puni de deux ans de réclusion au plus ou d'une forte amende de 200 *yen* au plus.

Celui qui fait une fausse déclaration à un fonctionnaire et ainsi cause qu' une fausse mention soit insérée dans une autorisation, une licence ou un passeport, sera puni de six mois de réclusion au plus ou d'une forte amende de 50 *yen* au plus.

Aux cas mentionnés dans les deux paragraphes précédents la tentative est punissable.

158.—Celui qui fait usage d'un des documents mentionnés dans les quatre articles précédents, sera puni de la même façon que celui qui fabrique ou falsifie un tel document ou plan, fait un document ou plan faux ou cause l'insertion d'une mention fausse.

Dans le cas mentionné au paragraphe précédent la tentative est punissable.

159.—Celui qui, avec intention d'en faire usage, en se servant du timbre ou de la signature d'un autre, fabrique un document ou un plan relatifs à un droit ou à une obligation ou à la preuve d'un fait, ou en se servant du timbre faux ou de la signature fausse d'un autre, fabrique un document ou un plan relatifs à un droit ou à une obligation ou à la preuve d'un fait, sera puni de trois mois à cinq ans de réclusion.

Il en sera de même pour celui qui falsifie un document ou un plan relatifs à un droit ou à une obligation ou à la preuve d'un fait, qui porte le timbre ou la signature d'un autre.

Celui qui dans d'autres cas que ceux mentionnés dans les deux paragraphes précédents fabrique ou falsifie un document ou un plan relatifs à un droit ou à une obligation ou à la preuve d'un fait, sera puni d'un an de réclusion au plus ou d'une forte amende de 100 *yen* au plus.

160.—Le médecin qui fait une fausse déclaration dans un certificat d'examen médical ou d'inspection ou dans un certificat de mort destiné à un corps officiel,* sera puni de trois ans de réclusion au plus ou d'une forte amende de 500 *yen* au plus.

161.—Celui qui fait usage d'un des documents ou des plans mentionnés dans les deux articles précédents, sera puni de la même façon que celui qui fabrique ou falsifie un tel document ou plan ou qui fait une mention fausse.

Dans le cas spécifié au paragraphe précédent la tentative est punissable.

---

* Voyez art. 7.

Chapitre XVIII.—Falsification des valeurs.

162.—Celui qui avec intention d'en faire usage fabrique ou falsifie un bon du Gouvernment, un bon public, une action d'une société commerciale ou une autre valeur, sera puni de trois mois à dix ans de réclusion.

Il en sera de même pour celui qui avec intention d'en faire usage fera une fausse mention sur une valeur de cette nature.

163.—Celui qui fait usage d'une valeur contrefaite ou falsifiée ou d'une valeur portant une mention fausse, ou qui, avec intention d'en faire usage, donne une telle valeur à un autre ou l'importe dans l'Empire, sera puni de trois mois à dix ans de reclusion.

Dans le cas du paragraphe précédent la tentative est punissable.

Chapitre XIX.—Falsification des Timbres.

164.—Celui qui avec intention d'en faire usage fabrique le timbre Impérial, le sceau de l'Etat ou la signature Impériale, sera puni de deux ans au moins de réclusion à temps.

Il en sera de même pour celui qui frauduleusement fait usage du timbre Impérial, du sceau de l'Etat ou de la signature Impériale, ou qui fait usage d'un timbre Impérial faux, d'un sceau de l'Etat faux ou d'une signature Impériale fausse.

165.—Celui qui avec intention d'en faire usage fabrique le timbre ou la signature d'un corps officiel ou d'un fonctionnaire sera puni de trois mois à cinq ans de réclusion.

Il en sera de même pour celui qui sans droit fait usage du timbre ou de la signature d'un corps officiel ou d'un fonctionnaire, ou qui fait usage d'un timbre faux ou d'une signature fausse d'un corps officiel ou d'un fonctionnaire.

166.—Celui qui avec intention d'en faire usage fabrique le signe d'un corps officiel, sera puni de trois ans de réclusion au plus.

Il en sera de même pour celui qui sans droit fait usage d'un signe d'un corps officiel ou fait usage d'un signe faux d'un corps officiel.

167.—Celui qui avec intention d'en faire usage fabrique le timbre ou la signature d'une autre personne, sera puni de trois ans de réclusion au plus.

Il en sera de même pour celui qui sans droit fait usage du timbre ou de la signature d'une autre personne ou fait usage d'un timbre faux ou d'une signature fausse d'une autre personne.

168.—Aux cas mentionnés dans les articles 164,2, 165,2, 166,2 et 167,2 la tentative est punissable.

Chapitre XX.—Faux temoignage.

169.—Celui qui ayant prêté serment conformément à la loi fait un faux temoignage, sera puni de trois mois à dix ans de réclusion.

170.—Si celui qui a commis le délit prévu par l'article précédent fait des aveux aux autorités avant que le jugement relatif à l'affaire pour laquelle il avait été entendu ne soit devenu définitif ou une mesure disciplinaire n'ait été prise, la peine pourra être réduite ou remise.

171.—Celui qui ayant prêté serment conformément à la loi comme expert ou interprète fait un faux rapport ou une fausse traduction, sera puni des peines énoncées aux deux articles précédents.

Chapitre XXI.—Fausse Accusation.

172.—Celui qui fait une accusation fausse avec l'intention de causer des poursuites criminelles ou disciplinaires contre une personne, sera puni suivant les prescriptions de l'article 170.

173.—Si celui qui a commis le délit spécifié au précédent article fait des aveux aux autorités avant que le jugement relatif à l'affaire dans laquelle la dénonciation a été faite, ne soit devenu définitif ou une mesure disciplinaire n'ait été prise, la peine pourra être réduite au remise.

Chapitre XXII.—Actes contraires à la pudeur, délits sexuels et bigamie.

174.—Celui qui commet publiquement un acte contraire à la pudeur, sera puni d'une légère amende.

175.—Celui qui distribue ou vend des écrits, dessins, peintures ou autres objects indécents ou qui les exhibe en public, sera puni d'une forte amende de 500 *yen* au plus ou d'une légère amende. Il en sera de même pour celui qui avec l'intention de le vendre a un tel objet dans sa possession.

176.—Celui qui commet avec violence ou à l'aide de menaces un acte contraire à la pudeur sur une personne de l'un ou l'autre sexe de treize ans ou plus, sera puni de six mois à sept ans de réclusion. Il en sera de même pour celui qui commet un tel acte sur une personne de l'un ou l'autre sexe agée de moins de treize ans.

177.—Celui qui avec violence ou à l'aide de menaces a des rapports sexuels avec une femme de treize ans ou plus, est coupable de viol et sera puni de deux ans au moins de réclusion à temps. Il en est de même pour celui qui a des rapports sexuels avec une femme de moins de treize ans.

178.—Si un acte contraire à la pudeur ou des rapports sexuels ont lieu sur une personne qui se trouve privée de ses sens ou incapable de résister, ou que l'on a privée de ses sens ou mise dans l'impossibilité de résister, le délinquant sera puni suivant les prescriptions des deux articles précédents.

179.—Dans les cas visés par les trois articles précédents la tentative est punissable.

180.—Les délits visés dans les quatre articles précédents seront poursuivis sur la plainte.

181.—Si les délits spécifiés dans les articles 176-179 ont causé la mort ou le dommage corporel d'une personne, la peine sera celle de la réclusion perpétuelle ou de trois ans au moins de réclusion.

182.—Celui qui par appât de gain incite à se prostituer une femme qui ne se livre pas habituellement à la prostitution, sera puni de trois ans de réclusion au plus ou d'une forte amende de 500 *yen* au plus.

183.—La femme mariée qui se rend coupable d'adultère sera punie de deux ans de réclusion au plus. Il en sera de même pour le complice.

Le délit mentionné dans le paragraphe précédent est poursuivi sur la plainte du mari ; mais sa plainte sera non-recevable s'il a consenti à l'adultère.

184.—Le mari ou la femme mariée qui contracte un autre mariage sera puni de deux ans au plus de réclusion. La même peine s'applique à la personne qui contracte un mariage avec un homme marié ou une femme mariée.

Chapitre XXIII.—Jeux, paris et loteries.

185.—Celui qui escomptant la chance de perdre ou de gagner joue ou parie pour quelque chose de valeur, sera puni d'une forte amende de 1000 *yen* au plus ou d'une légère amende ; mais cela ne s'applique pas lorsque l'objet du pari est une chose servant au plaisir immédiat.

186.—Celui qui habituellement joue ou parie sera puni de trois ans au plus de réclusion.

Celui qui par appât de gain procure un local pour le jeu ou les paris ou qui assemble des joueurs, sera puni de trois mois à cinq ans de réclusion.

187.—Celui qui met en vente des billets de loterie, sera puni de deux ans de réclusion au plus ou d'une forte amende de 3000 *yen* au plus.

Celui qui agit comme intermédiaire pour la vente de billets de loterie, sera puni de réclusion d'un an au plus ou d'une forte amende de 2000 *yen* au plus.

Celui qui dans d'autres cas que ceux mentionnés dans les deux paragraphes précédents donne ou reçoit des billets de loterie, sera puni d'une forte amende de 300 *yen* au plus ou d'une légère amende.

Chapitre XXIV.—Délits relatifs aux lieux du culte et aux sepultures.

188.—Celui qui commet publiquement un acte irrespecteux à l'égard d'un lieu du culte de Shinto, d'un temple bouddhiste, d'une sepulture ou d'un autre lieu cansacré à un culte, sera puni de six mois de réclusion ou d'emprisonnement au plus ou d'une forte amende de 50 *yen* au plus.

Celui qui trouble un sermon, des cérémonies du culte ou un enterrement, sera puni d'un an de réclusion ou d'emprisonnement au plus ou d'une forte amende de 100 *yen* au plus.

189.—Celui qui ouvre une sepulture, sera puni de deux ans de réclusion au plus.

190.—Celui qui endommage, déplace ou s'approprie un cadavre, les ossements ou les cheveux d'un décédé ou un objet placé dans le cercueil, sera puni de trois ans de réclusion au plus.

191.—Celui qui après avoir commis le délit spécifié dans l'article 189, endommage, déplace ou s'approprie un cadavre, les ossements ou les cheveux d'un décédé ou un object placé dans le cercueil, sera puni de trois mois à cinq ans de réclusion.

192.—Celui qui inhume le corps d'un décédé dont la mort n'était point naturelle et sans que le corps ait été examiné, sera puni d'une forte amende de 50 *yen* au plus ou d'une légère amende.

Chapitre XXV.—Abus d'autorité.

193.—Le fonctionnaire qui par abus d'autorité contraint une personne à faire une chose à laquelle elle n'est point tenue, ou porte prejudice à l'exercise d'un droit, sera puni de six mois de réclusion ou d'emprisonnement au plus.

194.—Celui qui dans l'exercice de ses fonctions de juge, de procureur de l'Empire ou d'officier de police ou celui qui prêtant assistance à une de ces personnes abuse de son autorité en arrêtant ou en emprisonnant quelqu'un, sera puni de six mois à sept ans de réclusion ou d'emprisonnement.

195.—Celui qui dans l'exercice de ses fonctions de juge, de procureur de l'Empire ou d'officier de police ou celui qui prêtant assistance à une de ces personnes commet un acte de violence ou de cruauté contre une personne accusée ou une autre personne, sera puni de trois ans de réclusion ou d'emprisonnement au plus.

Il en sera de même pour celui qui commet un acte de violence ou de cruauté contre une personne détenue conformément à la loi ou aux règlements, pendant qu'il la garde ou la transfère.

196.—Celui qui en commettant un des délits mentionnés dans les deux articles précédents cause la mort ou le dommage corporel d'une personne sera puni de la peine pour le dommage corporel si elle est plus grave.

197.—Le fonctionnaire ou l'arbitre qui en raison de ses fonctions accepte, demande ou stipule un don sera puni de trois ans de réclusion au plus, et si en considération de ce don il fait un acte injuste ou néglige de faire un acte juste, il sera puni de un à dix ans de réclusion.

Aux cas mentionnés dans le paragraphe précédent le don reçu sera confisqué, et s'il est impossible de confisquer tout ou partie du don, sa valeur sera exigée.

198.—Celui qui donne, offre ou promet un don à un fonctionnaire ou à un arbitre, sera puni de trois ans de réclusion au plus ou d'une forte amende de 300 *yen* au plus.

Si celui qui a commis ce délit fait des aveux aux autorités, la peine pourra être réduite ou remise.

Chapitre XXVI.—Homicide.

199.—Celui qui tue une personne sera puni de mort, de réclusion perpétuelle ou de trois ans de réclusion au moins.

200.—Celui qui tue un de ses ascendants en ligne directe ou un ascendant en ligne directe de son conjoint, sera puni de mort ou de la réclusion perpétuelle.

201.—Celui qui fait des préparatifs avec l'intention de commettre un des délits mentionnés dans les deux articles précédents, sera puni de deux ans de réclusion au plus ; mais d'après les circonstances il pourra être exempté de peine.

202.—Celui qui a incité ou aidé une personne à se suicider ou celui qui donne la mort à une personne sur sa demande ou avec son consentement, sera puni de six mois à sept ans de réclusion ou d'emprisonnement.

203.—Aux cas mentionnés dans les articles 199 et 200 et dans l' article précédent la tentative est punissable.

Chapitre XXVII.—Dommage Corporel.

204.—Celui qui inflige un dommage corporel à une personne, sera puni de dix ans de réclusion au plus ou d'une forte amende de 500 *yen* au plus ou d'une légère amende.

205.—Si le dommage corporel a causé la mort, la peine sera celle de deux ans au moins de réclusion à temps.

Si le délit est commis à l'encontre d'un ascendant en ligne directe du délinquant ou de son conjoint, la peine sera celle de la réclusion perpétuelle ou de trois ans au moins.

206.—Celui qui, se trouvant sur les lieux d'un des délits mentionnés dans les deux articles précédents donne de la force à l'attaque sans causer lui-même de dommage corporel, sera puni d'un an de réclusion au plus ou d'une forte amende de 50 *yen* au plus ou d'une légère amende.

207.—Lorsque plusieurs personnes se livrent à des actes de violence et que par là est causé un dommage corporel à une personne, sans que l'on puisse établir dans quelle proportion chacune d'elles a causé le dommage corporel ou qui a causé le dommage corporel, elles seront punies suivant les règles relatives aux délits commis en commun, même si elles n'ont pas agi en concert.

208.—Celui qui se livre à des actes de violence dont il ne résulte aucun dommage corporel, sera puni d'un an de réclusion au plus ou d'une forte amende de 50 *yen* au plus ou des arrêts ou d'une légère amende.

Ce délit sera poursuivi sur la plainte.

Chapitre XXVIII.—Dommage corporel par imprudence.

209.—Celui qui par imprudence cause un dommage corporel à une personne, sera puni d'une forte amende de 500 *yen* au plus ou d'une légère amende.

Ce délit sera poursuivi sur la plainte.

210.—Celui qui par imprudence cause la mort d'une personne, sera puni d'une forte amende de 1000 *yen* au plus.

211.—Celui qui en ne mettant pas la diligence qu'il est obligé de mettre à l'exercice de sa profession cause la mort ou un dommage corporel à une personne, sera puni de trois ans d'emprisonnement au plus ou d'une forte amende de 1000 *yen* au plus.

Chapitre XXIX.—Avortement.

212.—La femme enceinte qui cause son avortement en absorbant des potions ou par d'autres moyens, sera punie d'un an de réclusion au plus.

213.—Celui qui sur la demande d'une femme ou avec son consentement cause un avortement, sera puni de deux ans de réclusion au plus, et s'il en résulte la mort ou le dommage corporel de la femme, de trois mois à cinq ans de réclusion.

214.—Le médecin, la sage-femme, le pharmacien ou le droguiste qui sur la demande ou avec le consentement de la femme cause son avortement, sera puni de trois mois à cinq ans de réclusion, et s'il en résulte la mort ou le dommage corporel de la femme, de six mois à sept ans de réclusion.

215.—Celui qui cause un avortement contre le gré ou sans le consentement de la femme, sera puni de six mois à sept ans de réclusion.

Dans ce cas la tentative est punissable.

216.—S'il résulte du délit mentionné dans l'article précédent la mort ou le dommage corporel de la femme, la peine du dommage corporel sera infligée si elle est plus grave.

Chapitre XXX.—Abandon.

217.—Celui qui abandonne une personne qui a besoin d'aide en raison de son grand age, de sa jeunesse, de ses infirmités ou de sa maladie, sera puni d'un an de réclusion au plus.

218.—Celui qui abandonne un vieillard, un jeune enfant, un infirme ou un malade qu'il est tenu de soigner, ou qui ne donne pas à une telle personne les soins nécessaires pour sa subsistance, sera puni de trois mois à cinq ans de réclusion.

Si le délit est commis à l'encontre d'un ascendant en ligne directe du délinquant ou de son conjoint, la peine sera celle de la réclusion de six mois à sept ans.

219.—S'il résulte des délits spécifiés dans les deux articles précédents la mort ou le dommage corporel d'une personne, la peine du dommage corporel sera infligée si elle est plus grave.

Chapitre XXXI.—Arrestation et Séquestration.

220.—Celui qui sans droit opère l'arrestation ou la séquestration d'une personne, sera puni de trois mois à cinq ans de réclusion.

Si le délit est commis à l'encontre d'un ascendant en ligne directe du délinquant ou de son conjoint, la peine sera celle de la réclusion de six mois à sept ans.

221.—S'il résulte du délit spécifié dans l'article précédent la mort ou le dommage corporel d'une personne, la peine du dommage corporel sera infligée si elle est plus grave.

Chapitre XXXII.—Menaces.

222.—Celui qui menace de porter atteinte à la vie, au corps, à la liberté, à la réputation ou à la propriété d'une personne, sera puni d'un an de réclusion au plus ou d'une forte amende de 100 *yen* au plus.

Il en sera de même pour celui qui menace de porter atteinte à la vie, au corps, à la liberté, à la réputation ou à la propriété d'un parent.*

223.—Celui qui par menaces de porter atteinte à la vie, au corps, à la liberté, à la réputation ou à la propriété contraint une personne à faire un acte auquel elle n'est point tenue, ou l'empêche d'user d'un droit, sera puni de trois ans de réclusion au plus.

Il en sera de même pour celui qui par menaces de porter atteinte à la vie, au corps, à la liberté, à la réputation ou à la propriété d'un parent* contraint une personne à faire un acte auquel elle n'est point tenue, ou l'empêche d'user d'un droit.

Dans le cas des deux paragraphes précédents la tentative est punissable.

---

* C. à.d. de la personne menacée.

Chapitre XXXIII.—Enlèvement et détournement.

224.— Celui qui enlève ou détourne un mineur sera puni de trois mois à cinq ans de réclusion.

225.—Celui qui enlève ou détourne une personne dans un but de lucre, d'acte contraire à la pudeur ou de mariage, sera puni d'un an à dix ans de réclusion.

226.—Celui qui afin de la transporter hors de l'Empire enlève ou détourne une personne, sera puni de deux ans au moins de réclusion à temps.

Il en sera de même pour celui qui afin de la transporter hors de l'Empire vend ou achète une personne et pour celui qui transporte hors de l'Empire une personne qui a été détournée, enlevée ou vendue.

227.—Celui qui dans le but de prêter assistance à l'auteur d'un des délits mentionnés dans les trois articles précédents reçoit ou cache une personne qui a été détournée, enlevée ou vendue, ou la transporte secrètement au loin, sera puni de trois mois à cinq ans de réclusion.

Celui qui dans un but de lucre ou d'acte contraire à la pudeur reçoit une personne qui a été détournée, enlevée ou vendue, sera puni de six mois à sept ans de réclusion.

228.—Dans les cas mentionnés dans ce chapitre la tentative est punissable.

229.—A l'exception du délit mentionné dans l'article 226, du délit mentionné dans l'article 227, 1 commis afin d'assister à l'exécution du délit de l'article 226 et de la tentative de ces délits, les délits mentionnés dans ce chapitre, s'ils ne sont pas commis dans un but de lucre, seront poursuivis sur la plainte. Si, toutefois, la personne qui a été détournée, enlevée ou vendue, a contracté mariage avec le délinquant, la plainte n'aura d'effet que lorsque le jugement qui casse ou annule le mariage, sera devenu définitif.

Chapitre XXXIV.—Diffamation.

230.—Celui qui porte préjudice à la réputation d'une personne en affirmant publiquement un fait soit vrai soit faux, sera puni d'un an au plus de réclusion ou d'emprisonnement ou d'une forte amende de 500 *yen* au plus.

Celui qui porte préjudice à la réputation d'une personne décédée, ne sera punissable que s'il sait que le fait affirmé est faux.

231.—Celui qui autrement que par l'affirmation d'un fait publiquement offense une personne, sera puni des arrêts ou de légère amende.

232.—Les délits spécifiés dans ce chapitre seront poursuivis sur la plainte.

Chapitre XXXV.—Délits contre le crédit et le commerce.

233.—Celui qui en faisant circuler de faux bruits ou par artifices nuit au crédit d'une personne ou porte préjudice à son commerce, sera puni de trois ans de réclusion au plus ou d'une forte amende de 1000 *yen* au plus.

234.—Celui qui à l'aide de violence porte préjudice

au commerce d'une personne, sera puni suivant les prescriptions de l'article précédent.

Chapitre XXXVI.—Vols et vols avec violence.*

235.—Celui qui dérobe le bien d'autrui, sera puni pour vol de dix ans de réclusion au plus.

236.—Celui qui enlève le bien d'autrui à l'aide de violence ou de menaces sera puni pour vol avec violence de cinq ans au moins de réclusion à temps.

Il en sera de même pour celui qui par de tels moyens se procure ou procure à autrui un gain pécunier illicite.

237.—Celui qui avec l'intention de commettre un vol avec violence fait des préparatifs, sera puni de deux ans de réclusion au plus.

238.—Celui qui à l'occasion d'un vol soit pour empêcher le recouvrement de l'objet dérobé ou échapper à l'arrestation soit pour détruire les traces de son délit commet des actes de violence ou profère des menaces, sera puni comme coupable de vol avec violence.

239.—Celui qui aura dérobé un objet à une personne après l'avoir rendue insensible, sera puni comme coupable de vol avec violence.

240.—Celui qui en commettant un vol avec violence cause le dommage corporel d'une personne, sera puni de la réclusion perpétuelle ou de sept ans au moins. S'il en résulte la mort d'une personne, la peine sera la mort ou la réclusion perpétuelle.

241.—Celui qui en commettant un vol avec violence violente une femme, sera puni de réclusion perpétuelle

* "Raub" en allemand.

ou de sept ans au moins. S'il en résulte la mort de la femme, il sera puni de mort ou de réclusion perpetuelle.

242.—Si le bien appartenant à une personne est soumise à la possession d'un autre ou gardé par un autre en vertu de l'ordre d'un corps officiel*, ce bien est en ce qui concerne les délits mentionnés dans ce chapitre considéré comme le bien d'autrui.

243.—Dans les cas spécifiés dans les articles 235, 236, 238—241 la tentative est punissable.

244.—Celui qui commet le délit mentionné dans l'article 235 ou une tentative de ce délit à l'égard d'un parent en ligne directe, de son conjoint ou d'un parent ou membre de famille vivant avec lui sera exempté de peine. Si le délit est commis à l'égard d'un autre parent ou membre de famille, le délinquant sera poursuivi sur la plainte.

Ces prescriptions ne s'appliquent pas à ceux qui ayant commis le délit de commun ne sont ni parent ni membre de la famille.

245.—A l'égard des délits mentionnés dans ce chapitre l'électricité est considerée comme un bien.

Chapitre XXXVII.—Fraude et intimidation.

246.—Celui qui en trompant une personne obtient frauduleusement un bien, sera puni de réclusion pour dix ans au plus.

Il en sera de même pour celui qui par les moyens ci-dessus mentionnés se procure ou procure à autrui un gain pécunier illicite.

247.—Si celui qui gère les affaires d'un autre fait un

* Voyez art. 7.

acte contraire à ses devoirs avec l'intention de se procurer un gain ou de le procurer à un tiers ou pour causer un dommage à son mandant et par là occasionne un dommage pécunier à son mandant, il sera puni de cinq ans de réclusion au plus ou d'une forte amende de 1000 *yen* au plus.

248.—Celui qui en exploitant l'inexpérience d'un mineur ou la faiblesse mentale d'une personne l'amène à lui remettre son bien ou se procure ou procure à un autre un gain pécunier illicite, sera puni de dix ans de réclusion au plus.

249.—Celui qui par intimidation amène une personne à lui remettre un bien, sera puni de dix ans de réclusion au plus.

Il en sera de même pour celui qui par les moyens ci-dessus mentionnés se procure ou procure à un autre un gain pécunier illicite.

250.—Dans les cas mentionnés dans ce chapitre la tentative est punissable.

251.—Les prescriptions des articles 242, 244 et 245 s'appliquent de même aux délits mentionnés dans ce chapitre.

Chapitre XXXVIII.—Détournement.

252.—Celui qui détourne le bien d'autrui dont il a la possession, sera puni de cinq ans de réclusion au plus.

Il en sera de même pour celui qui détourne un bien lui appartenant dont la garde lui a été donnée par un corps officiel.*

* Voyez art. 7.

253.—Celui qui détourne le bien d'autrui dont il a la possession en vertu de sa profession sera puni de un à dix ans de réclusion.

254.—Celui qui détourne le bien d'autrui qui a été perdu, qui est devenu une épave ou qui a été autrement mis hors de la possession d'une personne, sera puni d'un an de réclusion au plus ou d'une forte amende de 100 *yen* au plus ou d'une légère amende.

255.—Les prescriptions de l'article 244 s'appliquent par analogie aux délits mentionnés dans ce chapitre.

Chapitre XXXIX.—Recel.

256.—Celui qui reçoit un objet volé ou détourné sera puni de trois ans de réclusion au plus.

Celui qui transporte, reçoit en dépôt ou achète un objet volé ou détourné ou qui prête son entremise à tel acte, sera puni de dix ans au plus de réclusion ou d'une forte amende de 1000 *yen* au plus.

257.—Celui qui commet le délit mentionné dans le précédent article à l'égard d'un parent en ligne directe, de son conjoint, d'un parent ou membre de famille vivant avec lui ou d'un conjoint de ces personnes, sera exempté de peine.

La prescription du paragraphe précédent ne s'applique pas à ceux qui ayant commis le délit de commun ne sont ni parent ni membre de famille.

Chapitre XL.—Destruction et soustraction.

258.—Celui qui détruit* un document destiné à l'usage

* En allemand "vernichten."

d'un corps officiel,* sera puni de trois mois à sept ans de réclusion.

259.—Celui qui détruit un document appartenant à autrui et relatif à un droit ou à une obligation, sera puni de cinq ans de réclusion au plus.

260.—Celui qui détériore une construction ou un navire appartenant à autrui sera puni de cinq ans de réclusion au plus.

S'il en résulte la mort ou le dommage corporel d'une personne, la peine du dommage corporel sera infligée si elle est plus grave.

261.—Celui qui détériore ou injure une autre chose que celles mentionnées dans les trois articles précédents, sera puni de trois ans de réclusion au plus ou d'une forte amende de 500 *yen* au plus ou d'une légère amende.

262.—Celui qui détériore ou injure une chose lui appartenant mais qui est saisie, soumise à un droit réel ou louée, sera puni conformément aux trois articles précédents.

263.—Celui qui soustrait un pli appartenant à autrui, sera puni de six mois au plus de réclusion ou d'emprisonnement ou d'une forte amende de 50 *yen* au plus ou d'une légère amende.

264.—Les délits mentionnés dans les articles 259 et 261 et dans l'article précédent seront poursuivis sur la plainte.

---

* Voyez art. 7.

明治四十年十月十二日印刷
明治四十年十月十五日發行

著作者兼發行者　東京府豊多摩郡澁谷村元青山南町七丁目壹番地
ドクトル、ルウドウイツヒ、レンホルム

印刷者　横濱市山下町五拾五番
エー、ゼー、ブラオン

印刷所　仝所
ジャパン、メール新聞社

發行所　東京市日本橋區通三丁目
丸善書籍株式會社

www.ingramcontent.com/pod-product-compliance
Ingram Content Group UK Ltd.
Pitfield, Milton Keynes, MK11 3LW, UK
UKHW022125170726
13837UKWH00003B/1367